41 Recettes Entièrement Naturelles de Repas pour Combattre le Cancer du Poumon

Les Aliments Contre le Cancer qui vous Aideront à Stimuler votre Système Immunitaire

Par

Joe Correa CSN

DROITS D'AUTEUR

© 2016 Live Stronger Faster Inc.

Tous droits réservés

La reproduction ou la traduction de toute partie de ce travail au-delà de ce qui est permis par l'article 107 ou 108 de la Loi de 1976 sur le droit d'auteur des États-Unis, sans l'autorisation du propriétaire du droit d'auteur est illégale.
Cette publication est conçue pour fournir des informations précises et fait autorité en ce qui concerne la matière couverte. Elle est vendue avec la compréhension que ni l'auteur ni l'éditeur ne se sont engagés à donner un avis médical. Si des conseils ou une assistance médicale est nécessaire, consulter un médecin. Ce livre est considéré comme un guide et ne doit pas être utilisé en aucune façon préjudiciable à votre santé. Consultez un médecin avant de commencer ce plan nutritionnel pour vous assurer qu'il est bon pour vous.

REMERCIEMENTS

Ce livre est dédié à mes amis et à ma famille qui ont eu des maladies bénignes ou graves pour qu'ils puissent y trouver une solution et faire les changements nécessaires dans leur vie.

41 Recettes Entièrement Naturelles de Repas pour Combattre le Cancer du Poumon

Les Aliments Contre le Cancer qui vous Aideront à Stimuler votre Système Immunitaire

Par

Joe Correa CSN

CONTENU

Droits d'auteur

Remerciements

A propos de l'auteur

Introduction

41 Recettes Entièrement Naturelles de Repas pour Combattre le Cancer du Poumon

Autres Titres Par le même Auteur

A PROPOS DE L'AUTEUR

Après des années de recherche, je crois sincèrement en les effets positifs que la bonne nutrition peut avoir sur le corps et l'esprit. Ma connaissance et mon expérience m'ont aidé à vivre en meilleure santé tout au long des années, et j'ai voulu partager ceci avec la famille et les amis. Plus vous en savez au sujet de comment vous nourrir et boire plus sainement, et le plus tôt vous aurez envie de changer votre vie et vos habitudes alimentaires.

La nutrition est un élément clé dans le processus d'être en bonne santé et de vivre plus longtemps, alors n'attendez pas et commencez des aujourd'hui. La première étape est la plus significative et la plus importante.

INTRODUCTION

41 Recettes Entièrement Naturelles de Repas pour Combattre le Cancer du Poumon
Par Joe Correa CSN

Pour éviter le cancer du poumon, une bonne nutrition est un facteur clé et les aliments tels que les feuilles du chou vert, le brocoli, le jus d'orange et les fruits de mer, surtout la morue, sont les principaux ingrédients. Ces aliments, en particulier, contribueront à vous donner les nutriments et les minéraux nécessaires qui sont utiles dans la prévention du cancer du poumon.

Avantages:

Chou Vert - Les feuilles vertes du chou sont pleines de composés contenant du soufre qui prennent en charge la désintoxication.

Brocoli - Le brocoli est le seul légume avec une quantité importante de Sulforaphane, un composé particulièrement puissant qui stimule les enzymes de protection du corps et évacue les produits chimiques cancérigènes.

L'Institut national du cancer appelle même les oranges un paquet complet de chaque inhibiteur naturel anticancéreux connu. La Limonène stimule notre système d'enzyme de désintoxication d'antioxydants, contribuant ainsi à arrêter le cancer.

Bien que la vitamine D soit souvent associée au lait, des concentrations élevées peuvent également être trouvés dans ces choix de fruits de mer: la morue, les crevettes et le saumon quinnat. Les œufs sont une autre bonne source.

L'huile de foie de morue est très riche en vitamine D - un élément nutritionnel qui est très important pour ralentir la croissance des tumeurs et soutenir le système immunitaire - et aussi dans la longue chaîne des acides gras oméga-3 que l'on trouve couramment dans les poissons gras. Les oméga-3 contribuent à réduire l'inflammation dans le corps, et donc réduisent la croissance des tumeurs et les nouveaux vaisseaux sanguins dont ils ont besoin pour se propager (angiogenèse).

41 RECETTES ENTIEREMENT NATURELLES POUR LE CANCER DU POUMON: LES ALIMENTS CONTRE LE CANCER QUI VOUS AIDERONT A STIMULER VOTRE SYSTEME IMMUNITAIRE

1. Chou Vert Surprise

Ingrédients:

- ¼ tasse huile d'olive extra vierge
- 1 Sac de 16oz. de feuilles de chou vert
- 2 gousses d'ail
- ¼ cuillères à café de flocons de piment rouges
- 1 Pincée de sel

Préparation:

- Faire bouillir le chou vert dans une casserole d'eau salée pendant 5 minutes. Égoutter.
- Faire chauffer l'huile d'olive et l'ail dans une poêle.
- Quand l'ail commence à cuire, ajouter les feuilles vertes, le sel et les flocons de piment.
- Sautez jusqu'à ce que le tout soit bien mélangé et que les feuilles vertes commencent à frire dans l'huile.
- Servir chaud ou froid.

2. Oeufs Verts Super

Ingrédients:

- 6 oeufs
- ½ tasse de lait
- ¼ tasse de crème sure (aigre)
- ¼ tasse huile d'olive extra vierge
- 1 petit oignon
- ¼ de fromage cheddar
- 1 Sac de 16oz. de feuilles de chou vert
- ¼ cuillères à café de flocons de piment rouge
- 1 Pincée de sel

Préparation:

- Battre les oeufs, le sel et le poivre, le lait et la crème sure dans un bol.
- Sauter les oignons finement émincés dans une poêle avec une cuillère à soupe d'huile d'olive.
- Ajouter le mélange d'œufs et laisser cuire lentement jusqu'à ce que les oeufs soient presque fermes.
- Ajouter les feuilles de chou vert et les flocons de piment.

- Pliez les oeufs sur les feuilles de chou vert et cuire jusqu'à ce que les légumes soient tendres et les oeufs sont fermes.

3. Haricots et Légumes verts peints

Ingrédients:

- 1 boîte de haricots Pinto
- 1 Sac de 16oz. de feuilles de chou vert
- 1 tasse de bouillon de poulet
- Sel et poivre
- 1 cuillère de flocons de piment rouge
- 1 cuillère à soupe d'huile d'olive
- 1 gousse d'ail
- 1 cuillerée de poudre de chili

Préparation:

- Faire bouillir une casserole d'eau salée et ajouter les feuilles de chou vert, faire bouillir jusqu'à ce qu'elles deviennent molles.
- Drainer.
- Dans une poêle, faire sauter l'ail dans l'huile.
- Ajouter les oignons et cuire jusqu'à ce que les oignons deviennent transparents.
- Ajouter le bouillon de poulet et ajouter les haricots Pinto qui ont été rincés et égouttés.
- Chauffer et ajouter les feuilles de chou vert drainées. Ajouter la poudre de chili, le sel et le poivre et les flocons de piment rouge.

- Cuire jusqu'à ce que les feuilles de chou soient tendres.
- Ce plat est également bon servi le lendemain, après que les saveurs se soient bien mélangées.

4. Salade de Feuilles de Chou Vert

Ingrédients:

- 1 Sac de 16oz. de feuilles de chou vert
- 1 sac salade de légumes mélangés
- 1 tomate coupée en dés
- 1 poivron rouge coupé en dés
- 1 concombre
- 1 oignon rouge
- 3 Cuillères à soupe d'huile d'olive aromatisée aux herbes (huile d'olive infusée au romarin et au basilic en particulier)
- 2 cuillères de vinaigre de vin rouge
- Sel et poivre au goût.

Préparation:

- Mélanger tous les ingrédients dans un grand bol. Consommer bien frais.

5. Toast Vert

Ingrédients:

- 1 Miche de Pain italien
- 1 cuillère d'huile d'olive
- 1 gousse d'ail
- 1 cuillerée de persil
- 1 cuillerée de basilic
- 1 cuillerée d'Origan
- Sel et poivre
- 1 sac de feuilles de chou vert cuites et égouttées
- 1 lb mozzarella

Préparation:

- Trancher la miche de pain dans le sens de la longueur.
- Utiliser un pilon pour écraser les épices et l'ail avec l'huile d'olive jusqu'à ce qu'une pâte se forme. Étalez la pâte sur le pain.
- Egouttez les feuilles de chou vert dans vos mains et sécher avec une serviette. Retirez autant d'humidité que possible.
- Etalez les feuilles vertes sur la pâte.
- Ajouter la mozzarella sur le dessus et griller jusqu'à ce que le fromage fonde. Servir chaud.

6. Pasta verte

Ingrédients:

- 3 oeufs
- 3 tasses de farine
- 1 tasse d'eau
- 1 cuillerée de sel
- 8 oz. de feuilles de chou vert cuites et égouttées.

Préparation:

- Egoutter les feuilles de chou vert après l'ébullition jusqu'à ce que toute l'eau en sorte.
- Dans un mélangeur ajouter les oeufs, l'eau et le sel.
- Ajouter lentement la farine tout en mélangeant constamment à une vitesse faible.
- Lorsque la pâte est bien mélangée, ajoutez les feuilles de chou vert. Incorporez-les à fond dans la pâte.
- Laissez la pâte reposer pendant environ 20 minutes à couvert avec un chiffon humide.
- Utiliser une machine à pâtes pour travailler la pâte jusqu'à ce que la forme désirée apparaisse.
- Sécher jusqu'à ce que la pate soit prête pour la cuisson.

7. Pâtes verte avec sauce au citron et au poivre

Ingrédients:

- Pasta verte
- 3 citrons (Un coupé en tranches fines, deux en jus)
- 1 cuillerée de poivre noir fraîchement concassé
- 1 tête d'ail
- 2 cuillerées d'huile d'olive
- Fromage Parmesan Reggiano râpé

Préparation:

- Faire cuire les pâtes dans une grande casserole avec de l'eau salée.
- Les Pâtes dures devraient prendre environ 6 minutes pour une texture al dente.

Pour la sauce

- Faire revenir l'ail dans l'huile d'olive. Ajouter lentement le jus de 2 citrons et les tranches d'un citron.
- Ajouter le sel et le poivre concassé. Ajouter 1 cuillère à soupe de fromage râpé.
- Ajouter les pâtes al dente dans la poêle et

- Ajouter un peu de l'eau des pâtes pour les combiner comme une sauce.
- Ajouter plus de Parmesan Reggiano.

8. Soupe verte

Ingrédients:

- 1 litre de bouillon de volaille
- 1 sac de 16 oz. de feuilles de chou vert
- 1 tasse de pain coupé en dés
- 1 12 oz. sac de carottes râpées
- 1 petit oignon
- 1 cuillère d'ail hachée
- 1 cuillère d'huile d'olive

Préparation:

- Porter à ébullition et égoutter les feuilles de chou vert dans une casserole d'eau prévue. Drainer.
- Dans une casserole de soupe, ajouter l'huile d'olive et faire revenir l'ail émincé, les oignons et les champignons,
- Ajouter une cuillère à café de farine, au mélange.
- Ajouter les carottes et le chou vert.
- Ajouter le bouillon dans la casserole et faire chauffer.
- Ajouter le pain en cubes

9. poitrine de Poulet Grillée au Vert

Ingrédients:

- 4 poitrines de poulet sans peau
- 8 oz. Feuilles de chou vert bouillies et égouttées
- 1 Gousse d'ail
- Huile d'olive
- 2 tranches de mozzarella
- 2 tranches de poivrons rouges grillés
- 1 cuillerée de flocons de piment
- Sel et poivre au goût

Préparation:

- Griller le poulet jusqu'à peu près cuit. Retirer du gril.
- Dans une poêle à sauter, brunir l'ail dans l'huile d'olive et ajouter les feuilles de chou vert drainées.
- Ajouter les de flocons de piment rouge. Retirer de la poêle.
- Transférer le poulet dans la poêle et ajouter le sel et le poivre.
- Ajoutez le chou vert en posant des couches de feuilles de chou, mettre par-dessus les poivrons rouges grillés et garnir de fromage.

- Cuire jusqu'à ce que le fromage soit fondu et que la cuisson soit à votre goût.

10. Riz Vert

Ingrédients:

- 2 tasses de riz sauvage cuit
- 1 sac de 16 oz. de feuilles de chou vert cuites et hachées
- 1 tasse d'eau de bouillon de poulet
- 3 tranches de bacon de dinde
- 1 boite de haricots noirs
- 1 petit oignon haché
- 1 tete d'ail haché
- 1 cuillère d'huile d'olive

Préparation:

- Sauter le bacon de dinde, l'ail et l'oignon.
- Ajouter le bouillon de poulet.
- Assaisonnez avec du sel et du poivre.
- Ajouter les haricots noirs..
- Laissez cuire pendant quelques minutes.
- Ajouter le riz et bien mélanger.
- Laissez bien chauffer.
- Ajouter le sel et le poivre au goût.

11. Salade Rouge et Verte mais pas pour Noël

Ingrédients:

- 1 bouquet de tiges de brocoli coupées
- 1 tasse de tomates cerise
- 2 tasses de tortellinis cuits
- 1 petite boîte d'olives noires en tranches
- 1 petit oignon rouge
- 1 cuillère d'huile d'olive
- 1 cuillerée de Vinaigre de vin rouge
- 1 cuillerée d'Origan
- Sel et poivre au goût

Préparation:

- Blanchir les têtes de brocoli.
- Couper les tomates cerise en deux. Égoutter les olives, hacher l'oignon rouge.
- Ajouter tous les ingrédients dans un grand bol.
- Mélanger avec l'huile, le vinaigre et les épices.
- Sel et poivre au goût.
- Réfrigérer avant de servir.

12. Potage de brocoli

Ingrédients:

- 1 litre de bouillon de poulet
- 1 bouquet de brocoli tiges coupées
- 1 tête d'ail
- 1 tasse de crème épaisse
- ½ tasse de fromage cheddar
- 1 petit oignon émincé

Préparation:

- Dans une casserole de soupe, faire revenir l'oignon et l'ail.
- Ajouter les bouquets de brocoli et poursuivre la cuisson jusqu'à ce que le brocoli soit tendre.
- Ajouter le Sel et le poivre.
- Ajouter le bouillon de poulet et porter à ébullition.
- Puis mettre sur feu doux.
- Mélanger à l'aide d'un mélangeur ou utiliser un hachoir à main pour briser les morceaux de brocoli et d'ail.
- Ajouter la crème et réchauffer lentement la soupe.
- Ajouter le fromage cheddar et porter lentement à ébullition.

13. Poulet, riz et brocoli

Ingrédients:

- 2 tasses de riz brun naturel cuit
- 2 poitrines de poulet coupées en des
- Huile d'olive
- Gousse d'ail
- 1 cuillerée de citron et poivre comme assaisonnement
- 1 tête de brocoli
- 1 citron
- Sel et poivre

Préparation:

- Nettoyer la tête de brocoli et hacher jusqu'à ce que les morceaux soient uniformes.
- Dans un steamer ajouter le citron en tranches dans l'eau et cuire à la vapeur pendant cinq minutes ou jusqu'au niveau de cuisson désiré.
- Sauter l'ail dans une casserole et ajouter les cubes de poulet.
- Sel et poivre au goût.
- Faire cuire jusqu'à ce que le poulet ne montre plus aucun signe de rose et est complètement blanc dans le centre, habituellement environ 10 minutes.

- Ajouter les tetes de brocoli et mélanger avec les cubes de poulet.
- Ajouter l'assaisonnement.
- Verser sur le riz brun

14. Poulet et brocoli

Ingrédients:

- 4 cuisses de poulet
- 1 tête de brocoli coupée en fleurettes
- 2 grandes pommes de terre Rousset
- Sel et poivre au goût
- 6 oignons chipotle

Préparation:

- Poêler les cuisses pour obtenir une croûte croustillante.
- Ajouter à la poêle de cuisson avec les pommes de terre coupées en tranches ¼ pouces, les oignons chipotle.
- Sel et poivre au goût.
- Parsemer quelques gouttes d'huile d'olive et l'huile qui reste dans la poêle à frire.
- Au bout de 30 minutes dans un four à 350 degrés ajouter le brocoli et remuer pour mélanger.
- Terminer la cuisson jusqu'à ce que le poulet soit tout à fait cuit et les pommes de terre soient tendres.

15. Gâteaux au fromage et au Brocoli

Ingrédients:

- 1 couronne de brocoli
- ½ tasse de fromage parmesan râpé
- 2 oeufs
- 1 cuillerée de sel
- 1 tasse de chapelure aromatisée
- 1 cuillère huile d'olive pour la friture

Préparation:

- Cuire les fleurettes de brocoli à la vapeur dans une casserole à vapeur d'eau et de citron.
- Lorsque c'est refroidi, mixer dans un mélangeur jusqu'à une consistance de grande chapelure.
- Ajouter les oeufs, le fromage, le sel et mixer de nouveau.
- Lorsque bien mélangé ajouter la chapelure.
- Avec une cuillère de crème glacée aplatir le montant prélevé et continuer ainsi pour faire de petits gâteaux.
- Chauffer l'huile dans une poêle et placer les alevins de mélange de brocoli aplatis jusqu'à ce qu'ils soient croustillants sur un côté, puis retourner.
- Frire de l'autre côté jusqu'à ce que croustillants.

- Remettre dans la poêle à frire et aplatir légèrement.
- Servir avec votre sauce préférée ou une sauce marinara.

16. Brocoli au Poulet et Farfalle

Ingrédients:

- 1 lb pâtes Farfalle
- 1 tête de brocoli
- 2 tasses de poulet cuit
- 2 gousses d'ail
- 2 cuillères flocons de piment rouge
- 2 cuillères d'huile d'olive
- Sel et poivre au goût
- Fromage râpé

Préparation:

- Alors que l'eau salée des pâtes est en ébullition, faire revenir la gousse d'ail écrasée dans l'huile d'olive.
- Sauter les fleurettes de brocoli dans l'huile d'olive et l'ail.
- Ajouter le poulet.
- Faire cuire les pâtes jusqu'à ce qu'elles soient légèrement crispées.
- Ajouter au poulet et au brocoli une partie de l'eau des pâtes.
- Cuire deux minutes jusqu'à ce que les pâtes soient à la bonne cuisson.

- Ajouter le fromage et les flocons de piment rouge.
- Sauter le poulet avec une petite quantité d'huile pour griller le dessus.

17. Petits Muffins de brocoli

Ingrédients:

- 1 tête de brocoli hachée fin
- 1 oignon haché finement
- ½ tasse de carottes hachées
- ½ tasse poivron haché
- 6 oeufs
- ½ tasse de fromage cheddar
- 2 tasses de farine
- 2 cuillerées de levure
- 1 cuillère sucre
- 1 cuillerée de sel

Préparation:

- Dans un grand bol, battre les oeufs. Ajouter les légumes et bien mélanger. Ajouter les ingrédients secs et mélanger jusqu'à homogénéité.
- Remplir des moules de muffins pour la cuisson.
- Cuire au four à 350 degrés pendant 30 minutes.
- Refroidir. Si vous n'allez pas consommer tous les six à la fois, vous pouvez les congeler et les réchauffer au besoin tout au long de la semaine.

18. Rôti de Brocoli

Ingrédients:

- 1 tête de brocoli coupée en fleurettes
- 1 citron
- Sel et poivre
- Pincée de poudre d'ail
- ½ cuillerée Poudre de chili
- 1 cuillère à soupe d'huile d'olive

Préparation:

- Chauffer le four à 400 degrés.
- Mélanger les fleurettes avec l'huile d'olive et les assaisonnements jusqu'à ce qu'elles soient bien enrobées.
- Placer les fleurettes enrobées sur une plaque de cuisson et cuire pendant cinq a dix minutes,
- Tourner et terminer la cuisson pendant encore 3 minutes.
- En les sortant du four, mélanger avec le jus du citron.

19. Poulet au Miel et à l'orange

Ingrédients:

- 2 cubes de poitrines de poulet saupoudrées avec de la farine, du sel et du poivre
- Jus d'une orange
- Huile d'olive
- ½ tasse de miel
- 1 cuillère de graines de sésame
- 2 tasses de riz cuit

Préparation:

- Sauter les cubes de poulet dans l'huile d'olive pour obtenir une couleur brun foncé sur les cubes.
- Transférer dans un plat de cuisson 9x 12.
- Mélanger le jus d'orange et le miel. Ajouter les graines de sésame.
- Verser sur les cubes de poulet.
- Cuire à couvert pendant 20 minutes à 350 degrés ou jusqu'à ce que les cubes soient blancs et bien cuits dans le centre.
- Servir sur du riz sauvage ou du riz basmati

20. Poisson cabillaud style Buffalo

Ingrédients:

- 4 filets de morue saupoudrés de farine de maïs
- ¼ tasse de sauce chaude
- ¼ tasse d'huile d'olive réchauffée
- Sel et poivre au goût

Préparation:

- Faites chauffer l'huile d'olive et la sauce chaude dans une casserole.
- Tremper les filets de morue enrobés dans le mélange et les déposer sur une plaque à pâtisserie.
- Brosser le reste du mélange sur les filets enrobes.
- Cuire à couvert pendant 10 minutes à 350 degrés.
- Servir avec du fromage bleu, du céleri et des bâtonnets de carotte.

21. Salade de courgettes et de betteraves

Ingrédients:

- 1 tasse de courgettes butternut rôties
- 1 tasse de betteraves rôties
- 1 coupe de pommes Granny Smith
- ½ tasse de noix de pécan
- 1 tasse de roquette
- 1 tasse de segments d'orange

Préparation:

- Mélanger les légumes et les noix dans un bol.
- Ajouter les quartiers d'orange. Enrober avec la vinaigrette au jus d'orange. Réfrigérer pour permettre aux saveurs de s'insuffler mutuellement.

22. Salade de segments d'orange

Ingrédients:

- 1 tasse de segments d'orange
- 1 oignon rouge tranché
- 1 tasse de feuilles de salade
- ½ tasse de carottes râpées
- 1 tasse de tranches de tomates cerises
- 1 cuillère d'huile d'olive
- ½ cuillerée de vinaigre balsamique
- Sel et poivre au goût

Préparation:

- Mélanger les oranges, les oignons, les carottes et les tomates.
- Laisser prendre pendant quelques minutes.
- Pendant ce temps, mélanger l'huile et le vinaigre balsamique ensemble avec un fouet. Verser le mélange sur les ingrédients. Servir froid.

23. Riz à l'orange

Ingrédients:

- 2 tasses de riz cuit (Toute sorte de riz fera l'affaire mais j'utilise généralement du riz arbitorio)
- 1 petit oignon haché
- 1 petit poivron haché
- 1 tasse de brocoli en petits morceaux
- ½ tasse de carottes râpées
- 1 tasse de jus d'orange
- ½ bâton d'huile d'olive
- Sel et poivre au goût.

Préparation:

- Faire fondre l'huile d'olive dans une casserole et ajouter les oignons. Faire cuire jusqu'à ce que les oignons soient translucides.
- Ajouter les autres légumes et cuire jusqu'à tendreté.
- Ajouter le jus d'orange et chauffer à fond. Saler et poivrer les légumes
- Ajouter le riz dans la casserole et remuer jusqu'à homogénéité.
- Cuire à feu doux couvert jusqu'à ce que le jus d'orange pénètre bien dans le riz.

- Servir chaud ou comme plat d'accompagnement ou comme repas.
- Vous pouvez ajouter une protéine telle que le poulet cuit si vous le souhaitez.

24. Poulet à l'orange

Ingrédients:

- 1 poulet à rôtir bien lave avec les boyaux enlevés
- 1 tête d'ail entière
- 1 tasse de jus d'orange fraîchement pressé
- 1 brin de romarin
- 3 feuilles de basilic
- Huile d'olive
- Sel et poivre au gout

Préparation:

- Dans une mijoteuse verser la ½ du jus d'orange.
- Placer ensemble la tête d'ail et les autres herbes dans la cavité du poulet.
- Placer le poulet dans la cocotte, ajouter le sel et le poivre. Verser le reste de l'huile d'olive.
- Faire de petits trous dans le poulet et verser le jus d'orange sur le dessus du poulet.
- Laissez cuire pendant six heures.

25. Salade de langouste au citron

Ingrédients:

- 1 tasse de chair de homard. Cela peut être congelé ou un morceau de homard cuit à la vapeur fraîche
- 1 tasse de tranches d'orange
- 1 petit oignon rouge haché
- ½ tasse de carottes râpées
- 1 tasse de roquette
- 2 cuillères de jus de citron
- 1 cuillerée de Raifort
- 2 cuillères d'huile d'olive
- 1 cuillère de jus d'orange

Préparation:

- Mélanger les tranches d'orange, les carottes, l'oignon et la roquette.
- Ajouter la pièce de homard sur le dessus du mélange de salade.
- Assaisonner la salade légèrement d'huile d'olive, du jus de citron et parsemer avec du raifort.

26. Œufs avec avocat et thon

Ingrédients:

- 3 oeufs durs
- 1 avocat
- Sel et poivre au goût
- 1 boîte de thon à l'huile

Préparation:

- Nettoyer les œufs durs et hacher légèrement.
- Nettoyer l'avocat et couper en bouchées. Ajouter le sel et le poivre et mélanger délicatement.
- Ajouter le thon avec l'huile de la boite de thon. Remuer légèrement.

27. Toast Français au four

Ingrédients:

- 8 oeufs battus
- ½ tasse de lait
- Sel et poivre au goût
- 1 paneton
- ½ tasse de lait
- 1 cuillère à soupe d'huile d'olive
- ¼ de tasse de sirop d'érable
- 1 cuillerée de vanille (pas d'imitation)

Préparation:

- La veille, tremper le paneton ou du pain si vous ne disposez pas de paneton) dans le lait et conserver au réfrigérateur.
- Lorsque vous êtes prêt à préparer, battre les œufs avec le lait et ajouter des arômes.
- Disposez le paneton imbibé ou e mélange de pain sur le fond d'une casserole 9x 12. Ajouter les œufs.
- Mettre des gouttes d'huile d'olive partout sur le mélangé.
- Cuire au four à 350 pendant 45 minutes ou jusqu'à ce que bien cuit.
- Servir chaud.

- Réfrigérez les restes et chauffer plus tard lorsque vous le désirez.

28. Œufs au Four

La vitamine D peut également améliorer les taux de survie chez les patients atteints de cancer du poumon. Bien que la vitamine D soit souvent associée avec du lait, des concentrations élevées peuvent également être trouvés dans ces choix de fruits de mer: la morue, les crevettes et le saumon quinnat. Les œufs sont une autre bonne source.

Ingrédients:

- 8 œufs
- 1 tasse de lait
- Sel et poivre au goût
- 1 pqt de pommes de terre rissolées aux oignons
- 1 pkt de saucisses de dinde petit-déjeuner
- 1 petit poivron haché
- 125 grammes de fromage à la crème
- 1 tasse de fromage cheddar
- ¼ tasse de chapelure

Préparation:

- Dans une casserole de 9 x 12, placer les saucisses sur le fond.

- Coucher les pommes de terre sur le dessus des saucisses.
- Battre les œufs, ajouter le lait, le sel et le poivre.
- Mélanger la moitié du fromage cheddar. Ajouter les poivrons.
- Verser sur les pommes de terre et laisser suinter entre les pommes de terre.
- Incorporer le fromage à la crème en petits cubes et parsemer dans le mélange d'oeufs.
- Vous pouvez laisser ce mélangé pour une nuit dans le réfrigérateur et le cuire le lendemain ou il peut être cuit à ce moment.
- Au moment de la cuisson, mélanger la chapelure avec le reste du fromage cheddar et saupoudrer sur le dessus du mélange d'œufs.
- Cuire au four pendant 45 minutes ou jusqu'à ce que les œufs soient pris.

29. Morue à l'italienne

Ingrédients:

- 4 filets de morue
- 2 pommes de terre Russet cuites
- 1 tasse de haricots verts cuits à la vapeur
- 1 petit oignon rouge haché
- 1 petit poivron rouge haché
- 1 gousse d'ail hachée
- 1 cuillerée d'Origan
- 1 cuillerée de persil
- 1 cuillerée de basilic
- Sel et poivre
- 2 cuillères d'huile d'olive
- 1 cuillère de vinaigre de vin rouge

Préparation::

- Faire bouillir les pommes de terre, laisser refroidir et enlever la peau et les couper en morceaux de taille moyenne.
- Cuire à la vapeur les haricots verts jusqu'à ce qu'ils soient tendres.
- Pour ce plat la texture croustillante est préférée.
- Poêler les morues jusqu'à ce que la chair se détache des arêtes.

- Mélanger les pommes de terre, les oignons et les poivrons avec les assaisonnements, et remuer jusqu'à homogénéité.
- Ajouter les haricots, les feuilles de chou vert refroidies.
- Mélanger avec l'huile d'olive et le vinaigre.
- Ajouter les filets de morue en flocons. Servir chaud ou froid.

30. Soupe aux Oeufs

Ingrédients:

- 1 litre de bouillon de volaille
- 2 oeufs battus
- ½ tasse de fromage parmesan
- ½ tasse de carottes râpées
- ¼ cuillerée poudre d'ail

Préparation:

- Chauffer le bouillon de poulet et les carottes râpées jusqu'à ébullition.
- Ajouter le sel et le poivre.
- Durant l'ébullition, ajouter le mélange d'oeufs et continuer à remuer.
- Une fois que les oeufs sont cuits, ajouter le fromage parmesan et retirer du feu.

31. Salade d'œuf et de tomates farcies

Ingrédients:

- 6 oeufs durs
- 1 avocat haché en petits morceaux
- ½ tasse de crème sure (aigre)
- ½ tasse de mayonnaise (vraie mayonnaise)
- 1 oignon haché
- ½ tasse de céleri haché
- ½ tasse de carottes râpées
- Jus d'un citron vert
- 4 tomates de taille moyenne évidées

Préparation:

- Mélanger les œufs hachés avec les oignons, les carottes et le céleri.
- Mettre le jus de citron sur l'avocat et ajouter au mélange. Enrober avec la crème sure, la mayonnaise et le sel et le poivre.
- Remplir chacune des tomates avec la farce. Sel et poivre au goût.

32. Brocoli et fromage au four

Ingrédients:

- 4 oeufs battus
- 1 tête de brocoli légèrement cuite cuit à la vapeur
- 1 cuillère d'huile d'olive
- 1 petit oignon haché
- 1 tasse de fromage cheddar
- ¼ tasse de farine
- Sel et poivre au goût
- ½ tasse de chapelure assaisonnée
- 1 cuillère de fromage parmesan

Préparation:

- Chauffer le four à 350 ° F.
- Dans une casserole, faire revenir l'oignon. Ajouter la farine et bien mélanger le tout.

33. Frittatas

Ingrédients:

- 8 oeufs battus
- ½ tasse de lait
- 1 petit oignon haché
- 1 tasse de fromage mozzarella
- ½ tasse de champignons tranchés
- ½ tasse de lanières de poivron
- 1 pomme de terre cuite au four (Cela pourrait être un reste de repas)

Préparation:

- Dans un grand bol fouetter les oeufs, la pincée de sel, le poivre et le parmesan
- Dans une casserole faire fondre l'huile d'olive, ajouter les oignons et les faire revenir, ajouter les autres ingrédients un à la fois et faire revenir jusqu'à tendreté. Sel et poivre au besoin.
- Ajouter le mélange d'oeufs et mélanger. Garnir de fromage râpé.
- Cuire tout le plat à 350 degrés pendant 20 minutes ou jusqu'à cuisson des œufs.

34. Le meilleur pain français

Ingrédients:

- 1 Panetonne découpé en huit tranches
- 4 œufs
- ½ tasse de lait
- Une pincée de sel et poivre
- ½ cuillerée vanille
- 2 cuillères d'huile d'olive

Préparation:

- Fouetter les œufs, le lait, le sel et la vanille dans une casserole plate.
- Tremper et envelopper complètement chaque morceau de pantone puis laisser reposer dans le mélange jusqu'à ce que vous le mettiez dans la casserole.
- Faire fondre l'huile d'olive dans la poêle et ajouter lentement les tranches de pantone.
- Cuire jusqu'à ce qu'elles soient brunes et les œufs sont cuits

35. Morue spéciale

Ingrédients:

- 1 lb de filets de morue
- 1 cuillère d'huile d'olive
- 1 citron
- 1 petit pot de câpres
- 1 oignon émincé
- 1 petite boîte d'olives noires en tranches
- 1 petite tomate coupée en tranches
- Fariner légèrement les filets

Préparation:

- Tapisser un plat 9x12-cuisson avec les filets de morue qui ont été recouverts de farine.
- Poser les autres ingrédients sur les filets, puis arroser avec l'huile d'olive.
- Couvrir de papier d'aluminium et cuire au four pendant dix minutes sur 350 degrés. Retirez la feuille et cuire pendant deux minutes de plus. Servir chaud.

36. Morue Farcie

Ingrédients:

- 6 filets de morue
- 1 boîte d'épinards surgelés
- 1 tasse de miettes assaisonnées de vinaigrette
- ½ tasse de fromage parmesan
- 1 œuf
- ½ cuillerée de sauge
- 1 citron
- 1 cuillère d'huile d'olive

Préparation:

- Mettre les épinards décongelés avec les cubes de pain, les œufs, le fromage et bien mélanger.
- Poser soigneusement une boule du mélange sur chaque filet.
- Envelopper le filet autour du mélange. Placer dans un plat allant au four 9x12 et arroser d'huile d'olive et assaisonner de sel et de poivre.
- Cuire au four pendant 15 minutes à 350 degrés. La morue devrait s'écailler au toucher avec une fourchette.

37. Morue à l'orange

Ingrédients:

- 4 filets de morue
- 1 tranche d'orange sanguine
- 1 tête ail
- 1 cuillère d'huile d'olive
- Sel et poivre au gout

Préparation:

- Disposez les filets de morue sur un plat 8 x 12 allant au four. Saler et poivrer. Saupoudrer avec de l'huile d'olive et faire cuire pendant 9 minutes à 350 degrés.
- Lorsque presque cuit, retirer du four et garnir avec les tranches d'orange sanguine.
- La cuisson est complète lorsque la chair se détache si on la touche avec une fourchette.

38. Morue cuite au four

Ingrédients :

- 4 filets de morue
- 1 cuillère d'huile d'olive
- 1 petite tomate coupée en tranches
- 1 petit citron
- 1 cuillerée de poudre de chili*
- Sel et poivre au goût

Préparation:

- Allonger les filets dans un plat allant au four et couvrir avec des tranches de tomates, l'oignon et le citron.
- Arroser d'huile d'olive et de sel, poivre et la poudre de chili.
- Cuire à découvert pendant 10 minutes à 350 degrés.

* Le mélange d'épices citron poivre ou toute combinaison que vous aimez fera l'affaire.

39. Fondue de Thon

Ingrédients :

- 1 boîte de Thon marque Cento
- 4 tranches de mozzarella
- 1 tomate coupée en tranches
- 4 Croissants
- 1 cuillerée d'huile de Romarin aromatisée

Préparation:

- Chauffer l'huile dans une poêle. Couper les croissants et placer la partie inférieure dans la casserole
- Allonger le thon, le fromage, les tranches de tomate, puis verser un filet d'huile d'olive sur le dessus.
- Couvrir et retourner en tenant les deux côtés du sandwich.
- Cuire jusqu'à ce que le fromage soit fondu.

40. Œufs Brouillés

Ingrédients :

- 4 œufs légèrement battus
- ¼ tasse de lait
- 6 tranches de pepperoni de dinde
- 1 petit dé de poivron
- 1 petit oignon haché en petits morceaux
- Huile d'olive
- Sel et poivre

Préparation:

- Chauffer l'huile d'olive.
- Faire revenir les oignons, les poivrons et le pepperoni de dinde jusqu'à tendreté. Ajouter les œufs.
- Mélanger dans la casserole jusqu'à homogénéité.

41. Morue avec pommes de terre

Ingrédients :

- 4 filets de morue coupés en cubes
- 2 pommes de terre cuites au four
- 1 petit oignon tranché

- 1 tasse de poivrons mélangés tranchés
- Huile d'olive
- Sel et poivre

Préparation:

- Faire revenir l'oignon et les poivrons dans l'huile d'olive jusqu'à ce que les oignons soient translucides.
- Ajouter le sel et le poivre. Bien mélanger.
- Ajouter les cubes de morue et faire cuire jusqu'à ce que les flocons de morue se détachent au contact d'une fourchette.

41. Morue battue aux Oeufs

Ingrédients:

- 2 oeufs battus
- ¼ tasse de farine de maïs
- 1 cuillerée d'Assaisonnement à l'italienne
- 4 filets de morue
- Huile d'olive pour la friture
- 1 quartier de citron

Préparation:

- Ajouter la farine de maïs et les assaisonnements aux oeufs et mélanger jusqu'à consistance homogène. Le mélange sera épais mais liquide.
- Enrober les filets de morue avec le mélange.
- Chauffer l'huile dans la poêle et ajouter les filets de morue enrobés.
- Cuire jusqu'à ce que la pâte se transforme en un brun clair.

AUTRES TITRES PAR LE MEME AUTEUR

70 Recettes efficaces de repas pour prévenir et résoudre les personnes en surpoids: brûler les graisses rapidement à l'aide d'un régime approprié et d'une nutrition intelligente
Par
Joe Correa CSN

48 Recettes de repas pour la Résolution du Problème de l'Acné: Le chemin rapide et naturel pour remédier aux problèmes d'acné en moins de 10 jours!
Par
Joe Correa CSN

41 Recettes de repas pour la prévention d'Alzheimer: réduire ou éliminer votre état d'Alzheimer en 30 jours ou moins!
Par
Joe Correa CSN

70 Recettes de Repas efficaces contre le cancer du sein : la prévention et la lutte contre le cancer du sein avec une nutrition intelligente et des aliments puissants
Par
Joe Correa CSN

www.ingramcontent.com/pod-product-compliance
Lightning Source LLC
Chambersburg PA
CBHW052125070526
44586CB00016B/2085